Vera Hewener

Himmelsstürme

Gedichte mit Fotografien

Bibliografische Information der Deutschen Bibliothek
Die Deutsche Bibliothek verzeichnet diese Publikation
in der Deutschen Nationalbibliografie;
detaillierte bibliografische Daten sind im Internet
http://www.d-nb.de abrufbar.

edition Wort - Verlag

Weiherstraße 12
D - 54634 Bitburg
(Anfragen, Manuskripte, Bestellungen)

Tel.: + 49 (0)6561 / 70 64 451
Fax.: + 49 (0)6561 / 70 64 452
Mobil: + 49 (0)173 82 43 378

verlag@edition-wort.de
www.edition-wort.de

Schrift: Goudy Old Style

Hergestellt in Deutschland

ISBN 978-3-936554-40-3

Himmelsstürme

Vera Hewener

Gedichte mit Fotografien

Über die Autorin

Vera Hewener, geboren 1955 in Saarwellingen, studierte in Saarbrücken zunächst Betriebswirtschaft, wechselte dann zur Sozialarbeit/Sozialpädagogik und arbeitet seit 1978 im öffentlichen Gesundheitsdienst. Sie lebt mit ihrer Familie in Püttlingen. Für ihren ersten Gedichtband „Vermisstenanzeige" erhielt sie gleich mehrere Auszeichnungen in Italien, u.a. als bester ausländischer Beitrag 2000 in Luco di Marsi und den „Superpremio Cultura Lombarda" vom Centro Europeo di Cultura 2001 in Rom. Für Gedichte aus dem Buch „Verwirbelungen der Zeit" erhielt sie 2005 den „Grand Prix Européen de Poésie" und 2007 die „Trophäe Goethe" für das Buch „Verwirbelungen der Zeit" vom Centre Européen pour la Promotion des Arts et des Lettres in Thionville/Frankreich. „Himmelsstürme" ist das siebte Buch der Autorin.

Pressesplitter:
„Heweners Sprache ist Rhythmus und Malerei"
Saarbrücker Zeitung, 07.05.02
„Zart und duftig sind viele dieser Gedichte, voller Freude über den Einklang mit der Natur; hymnisch-gewaltige Gesänge lassen an Hölderlin und Rilke denken"
Saarbrücker Zeitung, 18.11.03

„bemerkenswerter Bilderreichtum, hervorstechendes lyrisches Gestaltungsvermögen, gekonnt gewählte metaphorische Sprache..."
Kerstin Jäger, 2009

"...von Woge zu Woge schaukelt mich Gischt"

Meer und Strand

Möwen schweigen still
Nordwind peitscht Wolken aus
spar dir die Tränen

Meeresdämmerung

In der Dünung
die aus dem Nebelmund
Paläste entsunkener Nächte aushauchte

schoben Pinienäste das Grau
von den Lichtkuppen der Wolkenberge

Mond wob seine weißen Quellen
durch den Sternenstaub
die bleichen Dünenrosen fröstelten
unter verbläutem Gestirn

fernab den gewaltigen Weiten
erhoben sich erste Laute:

das Schnarren der Sandwürmer
das Schleifen der Meerzunge
der Balzruf der Tauben

unter dem Dämmerungsschleier
blinzelte die Sonne
wie das Rosa knospender Flechten

Côte d'Argent, Le Porge

Wolkenbruch

Wurfgeschosse Sturm geladenen Donners
verbrennen den Sand
Quellerstengel windgetrieben
fegen über die Salzwiese

vom Horizont rollt meterhoch
der dunkelgrau gepeitschte Wellentreidel
Blitzaufnahmen rücken das Ufer ins Licht

meine Augenlider blinzeln
wie alte Polaroidkameras
Schauermärchen spiegeln sich
Schwarzweißbilder
die in der Gischt vergilben

Himmelsstürme

Als wenn ein dunkles Blau den Himmelsbogen
nach unten zieht, verhakt, vertäut und spannt
am Meeresgrund, der das schwere Band
nur halten kann, weil er es aufgesogen,

als fühlt er um das Nass sich halb betrogen,
saugt er es heftig aus der Wolkenwand,
bis alle Spuren in ihm eingebrannt
und alle Schwindel in ihm aufgeflogen:

Erstürmtes, von der rauen Welt Zerrissnes,
im Grund Verlornes, das niemand mehr vermisst.
Wer nie danach gefragt, wes Kind er ist,

hält später als Erinn'rung nur Verschlissnes
in der Hand, ein ungekanntes Meer,
ein nicht gewagtes Leben ohne Wehr.

Allerlei Donner
kracht in die Häuser im Sturm
werden Stimmen laut

Blitzjagd im Blauen
Schauer stürzen dir zu aus
allen Himmeln Nacht

Cap Ferret

Wellendrift wirft Muschelketten
auf die rostige Spitze der Nehrung
unterm Überflug ausschwärmender Brandseeschwalben
spreizen Sandbänke vom Meersog
aufgeschobene Flutlinien

im Seegras hacken orangerote Schnäbel
staken Austernfischer auf Futtersuche
blaue Stranddisteln stacheln
in den vom Wind herübergewehten Landgang

an der Brandungszone atlantischer Gezeiten
quellen im Quarzsand Feuerqallen
Röhrenwürmer krümmen sich

Arcachon

Und laut und leis strömt stetig an die Banden
das Binnenmeer, das aller Zeit, getrost
den Dünen, Gras bewährt und grün bemoost
die Wälder, durch Bonaparte entstanden,

ein Neues abgerungen, zu verlanden,
was unentwegt sich ändert, Schaum umtost
in wilden Wassermassen, Wind behost.
Nur Vögelzüge Jahr für Jahr dort stranden,

wo Legallais Hotels gebaut ans Watt
fürs Seelenheil. Die Pracht der Sommerstadt
begründeten die Villen und Chalets,

die solchem Strömen heute sich ergeben,
das Fülle bringt, lautes und leises Leben,
gehüllt in duftend blühende Bouquets.

L'île aux oiseaux

Von allen Seiten sieht man, wie zwei Hütten
auf Pfählen über Wasser triumphieren,
in welches die Kanäle sich verlieren
und Meeresvögel. Wellen sich entschütten

und branden, welche üppig wie aus Bütten
aufgefüllt mit Fischen, Schalentieren,
die Austernbänke ständig inspizieren,
sich überschlagen, wieder überschütten,

sich unterspülen, als wären sie geworfen
von langer Hand, den Boden zu entschorfen:
aus Fluten steigt's und lagert sich an Stränden,

als wären unsichtbar sie angetrieben,
von alten Zaubersprüchen wundgerieben,
den Überfall der Fischer zu beenden.

Sturmschäden

Von weither hören wir den Sturm
der alles verschiebt
Fährten Wände Häuser
wir senken unsere Köpfe
um Gedanken ablegen zu können
die wir hegen so lange Jahre schon
und dann vergessen um sie zu tilgen

ein jeder von uns kennt die Pflaster
die wir kleben so lange Jahre schon
und uns gegenseitig verheimlichen
jeder brennt in der gleichen Wunde

wenn wir nach langer Nachtfahrt
frei atmen kehrst du wieder
Schlagkraft des Blutes
wir tanzen mit dem Gipfel der Stürme
spüren wie das Höllenfeuer
auf uns seine Peitsche schwingt

wenn der Sturm vorüber ist
sind die Straßen unbefahrbar geworden
Landschaften zerrüttet
Häuser ausgebrannt

wem wird wenn der Sturm vorüber ist
Vergessen eine Heilung sein

Aufruhr

Schon sinkt das Licht ins Häusermeer
wolkenschweres Wischwasser
schwärzt meinen Blick

aus Kieferkronen fallen
ungezählte Zapfen
klappern ungezähmt
gegen Holzbauten
die Heimat sind und Burg

in naher Entfernung
abgerissen vom Wind
bohren Ginsterschoten
sich in den Humus
treiben Röhren in den Sand
Durchfluss für die von Wolkenschreien
ausgestoßenen Bittertropfen

Böen zerzaust mein Haar
klatscht gegen meine Schläfen
den Aufruhr der Stunde

Domaine de la Jenny, Le Porge

Hungersturm

Noch ist es grau am Uferstrand
dunstige Nebelnetze
fallen über mein Gesicht
und übers Meer fliegt aufgewirbelt
ungestümes Kreischen

Schatten stürzen
weiß vom Seewind
scharren im Priel
Seevögel schlagen
ihre Hälse in Rinnsäle

ich steh in der Flugbahn
scharf klingen die Schnäbel
klirren wie Säbel
wenn sie jagen
im Hungersturm

Le Teich

Seemannsgarn

Sturmmale im Sand
kreidebleich vom Überfluten

Wischzeichen der Gischt
erzählen vom Fischfang

Meer stottert verrottete Kanthölzer aus
schreibt eigene Geschichten
über Fangnetze und Untergang

Grabgesang

Auf dem Ehrenflug Möwengeschwader
Salut der Sonne, ein Donnergrollen
Wasser reißt Kerben in den Dünenwall

Sand merzt die Scharten
mit dem Nachwuchs der Gräser aus

Lobgesang der Delphine
preisen den Sarkophag der Zeit

Einmal werden wir sein
wie der Wind überm Meer
tragen werden wir unser Wissen
an die Ufer Gestrandeter

Einmal werden sie sein
wie der Wind überm Meer
mit dem Wissen
um gebrochene Hölzer

Mittagsfeuer

Astgeschoss für Astgeschoss
spreizen Kieferkronen
den Nadelpelz
entflammen Kerzentriebe
im Lichthof
sonnengenau

Harz quillt aus
schwarzen Rinden
tropft ins Fadengrün
auf Blaustrahlhafer
der seine Ähren
über Hungerblümchen wiegt

nach innen
vergrünen Ginsterbüsche
Schutzzone
vor dem Feuerwerk
der Mittagssonne

La forêt de pin, Le Porge

Dünenwald

Dünenwaldboden
besät von Nadelzweigen
hingestreckt

riechst du das
smaragdene Moos
die samtenen Tücher
Humus verflochten?

winzige Ginstersämlinge zittern
unter dem Wind der Lorbeerbüsche

Seele blau vom Meerhimmel
sehnt sich zurück
immer wieder
zu den Flimmerpunkten
in schräger Weite

die mir aus den Ecken
aus den Kanten der Jahre
verblieben ist

Domaine de la Jenny, Le Porge

Lichtbruch

Ausgelaufene Schauer
tropfen von der Traufe
klopfen den Humus ab
der sich vor den Abtragungen
unruhigen Winds
mit Grasfontänen schützt

in die Büsche geduckt
rötet sich das Auge der Dünenrose
klettert ins Blattwerk des Lorbeers
und verströmt sich
in der Farbdeuterei des Regenbogens

glauben muss ich der Brechung des Lichts
die Himmelstönung ist der Farben Aufgang

Los der Zikaden

Grashüpfer Grillen Zikaden
sägten in hügliger Wiese
abseits von kühlender Brise
die wehte von Ufers Gestaden

sie sägten und grellten und tönten
herzhaft mit festen Waden
doch Käfer Würmer und Maden
schimpften gemeinsam und stöhnten

soll doch der Himmel uns grollen
dachte die zirpende Meute
denen kein Ungemach dräute
wer sollt ihnen Böses denn wollen

sie hüpften ans Ende der Düne
strichen genüsslich die Geige
dass sich der Meergott verneige
vor ihrer Graskammerbühne

Doch auch die Möwen dies hörten
an ihren fischlosen Pfründen
hinter den sandigen Gründen
Lieder die sie verstörten

sie flogen voll Groll einen Bogen
zum kunstvollen Dünengesang
das Trommeln verstummte verklang
so wird nun ihr Schweigen zur Sühne

Schiffbruch

Die Dünung fängt, was raues wildes Wasser
noch übrig ließ: die angeschwemmten Muscheln,
im Tang verfangne Quallen, die noch nuscheln
im Verrotten berstenden Gebälks. Erblasser

des Schiffbruchs sanken mit, Stürme grasser
verbliebner Schäden, ungeschöntes Tuscheln
der Fischerfrauen, alte Träume wuscheln
in wirren Köpfen der Erinnerung blasser.

Sie wirren ungeklärt, der Zukunft ungewiss,
ein schroffer Fels, der manches schon zerriss
wie Segeltücher, angespannt im Wind.

In ihren Augen spiegelt sich ein Kind,
das unbedingtem Glauben sich verschrieb,
an fest gefügten Bildern sich zerrieb.

Du bist wie das Meer
tönst krachst
bis der Wellenkamm
gebrochen

Lass uns wandern
im Watt der Meersterne
ausruhen auf Muschelbänken

Unterschlupf

Aschesilber der Gräser
schwankt über Buschwindröschen
Schattenschlummer der Heide
unter Kieferkronen
Tröpfchen aus Astschweiß
an der Neige der Ginsterrispen

Heißwind zieht herüber vom Meer
ein Salamander kreuz und quer
Unterschlupf sucht
unter Wurzelsteigen
am Waldboden

Strandgang

Meerschaum Wellenkrönung
entglitzert im Sandgeriffel
Sonnenfön trocknet Skulpturen
aus Sandwurms Geschriffel

im seichten Priel graben die Zehen
blubbert Muschelgegluckse
wirbelndes Flöhegemuckse
pickt mich beim Gehen

Salzdampf kocht den Dünensand
von Woge zu Woge schaukelt mich Gischt

noch bewacht der Meergott die Freiheit
taub an Land zu gehen

blutige Fußspuren laufen hinter mir her

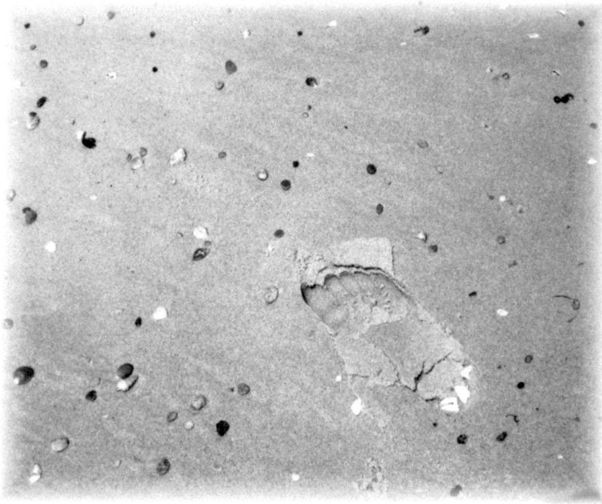

Was bleibt
wenn das Meer
seine Wellen leerrauscht

Gipfelpunkte
die du hundertfach
vor meiner Seele
hast anschwellen lassen
ziehen sich zurück

Jahre in La Jenny

Jahre am gekrümmten Horizont
Augenblicke ohne Wiederkehr
Helden stürzen sich ins wilde Meer
ringen unbekümmert mit der Front

eher noch hast du es hier gekonnt
ins Gefecht zu ziehen ohne Heer
nur der Himmel wirft den heißen Speer
loht auf dem der sich darin gesonnt

alle Tage spiegeln mich im Blau
jeder Tag ein aufgetragnes Kleid
erdverbunden in den Sand gereiht

Nahaufnahme zeitlich ungenau
Neigungswinkel der im Licht erschien
Yachten ohne Fischfang weiterziehn

Domaine de la Jenny, Le Porge

Nachtmusik

Die Silhouette der Schwarzkiefer verdämmert
Nadelspitzen stechen in den Horizont

sprechen im Flüsterton das Credo
entlichteter Stunde

auf der Laute der Vogelkehlen
spielt Nachtmusik ihr Preludium:

Pfeiftöne
für den Aufgang der Sterne

Stadt und Land

Auf Fenstersimsen
stöhnen fleißige Tauben
Post kommt von oben

Verschiebungen

Mild nenn ich dich Etzenhofen
wie du da liegst mit deinen Straßen
inmitten ungezwungener Wiesen

still trägst du den Sonnennebel
auf den Laufsteg der Vögel
die voll des Lichtgolds
in der Luft Pirouetten drehen

unter dem Wärmewall
der sich aus der Höhe löst
bist du die sanfte Zuflucht

leichthin begleitet mich ein Schatten
der auf die gegenüberliegende Seite rollt
Köllerbachs Kyllberg in zartes Dunkel taucht

von weither ein Winken
das die Dorfhügel zusammenschiebt
und das auseinander Liegende verknüpft

Püttlingen-Köllerbach/Etzenhofen

Verpasster Morgen
jemand träumt schlürft Kaffee
er sieht der Zeit nach und keiner weiß
wer das Nachsehen hat

Ausgestorbene Straßen
auch in den Häusern
sucht jemand das Licht

Zögernder Aufbruch
auf dem Asphalt verstaubt der
tägliche Fußtritt

Kinderspiele

Im Hochsitz schweigen
die Vögel Futterringe
schwingen ins Leere

Kinder wachen still
Geäst des Baumhauses knackt
trockener Boden

Mutterrufe
Kinder warten im Garten
Geruch von Speisen

Jagdpause

Minka die Streunerin wirft Haare im Schuppen
und verweigert die Milch sie ist sauer geworden
in der Freiheit nicht betteln zu müssen
um gestreichelt zu werden

dessen ungeachtet werfen Mäuse
ihr das Hauptgericht
auf den Teller der Jagdpause

Liebesleid

Ein Hahn sang seiner Henne
ein wunderschönes Lied
und gackerte zur Tenne
wo sie ein Ei ausbriet.

Sie gluckte unaufhörlich,
bis sie es übertrieb:
der Hahn, bald schwerenötig,
wurde zum Eierdieb.

Da jammerte die Henne
und weinte um das Küken.
Ein Ei von andrer Henne
sollt' fortan sie beglücken!

Der Hahn wurd' ganz verdrießlich.
Ein Ei stahl ihm die Frau!
Ob seiner Lage misslich
gackerte er nur zur Schau.

Als dann das Küken schlüpfte,
wähnt er sich gotterlöst.
Sein Herz vor Freude hüpfte,
dass ihn die Henne tröst!

Die aber wollt nicht wieder,
fühlte sich frank und frei.
Sie spreizte ihr Gefieder
und stahl dem Huhn ein Ei!

Hoch über der Tierklinik

Ausgestreckt hast du dich Futterhaus
unter Sonnenzeichen hallt Tiergemurmel
in den Himmel in die übers Straßennetz
gestülpte Trockenhaube

das Kind, das darin herumläuft, sucht seine Katze
sie schläft mit Artgenossen auf dem Parkplatz
unter Schatten der Randsträucher
die in die Höhe dörren

Mauerwerk, hart geworden, kühlt unterm Vordach
die kauernde Schlange Hilfesuchender
unnützer Glanz fällt auf jene
die mit Wasser sich besprengen

später wenn die Nacht Hand anlegt
an die Glutglocke gießt Dämmerung
ihr Taubengrau ins Licht
mit den letzten Funken schließt die Praxis

Häschen in der Grube

Eine Häsin aus Saarbrücken
wollte ihre Stube schmücken.
Sie zog hinaus in Feld und Wald,
scharrte und suchte in jedem Spalt.

Zurück in ihrer guten Stube
schaffte sie alles in die Grube.
Sie räumte und putzte und leckte,
kein Außengeräusch sie schreckte.

Schließlich stolzierte hinaus die Gute.
Ihr war so überglücklich zu Mute.
Da lauerte lang schon ein Fuchs.
Die Häsin gab gar keinen Mucks.

Regenflucht

Ich sah in Regen ein, in Luft aus Harz und Lauben.
Vom Dach herab fiel Reisig, brauner Zapfenrost,
die Reben leergefegt, auf Fässern trieb der Most,
die Käfer krochen langsam unter Gräserhauben.

Ein kleiner Vogel piepste ängstlich von den Gauben,
er zitterte im Federflaum, im Wetterfrost,
umkrallte Zargen gegen Böen aus dem Ost.
Von Ziegeln lauthals haderten die Tauben.

Wollt er den Luftkampf unbeschadet überwinden
so musst er fliegen lernen, jener kleine Vogel,
das Nest am Ast des Baumes wieder finden,

aus dem er fiel. Zum Leben streben Organismen,
die sich dem Tod entgegenstellen im Gemogel,
sich im Regenbogen sonnen, in den Farbenprismen.

Im Schweiß der Dächer
Katzen brüten und Spatzen
plötzlich schreit ein Kind

Fenster verschließen
sich vor dem Lärm der Straßen
verschlissene Zeit

Wer schreit Preise aus
Käufer zahlen nicht nur jetzt
warum zählst du noch

Schattierungen

Ich liege unter Kiefern auf der Sonnenbank
du sagst, auf meiner Haut spiegeln sich
Schatten der Nadelzweige

ein Eichhörnchen schwingt sich
am herabhängenden Ast empor in die Höhe
knackt des Sommers Erträge

schlaftrunken wehrt sich der Baum
verändert meine Schattierungen
am Wurzelsaum

das Pelztier springt hoch
hangelt sich von Geäst zu Geäst
klettert noch hungrig am Stamm herab
und wühlt im Blätterrest

sieh nur, sagst du, was am Boden liegt
sträubt sich nicht

Die Eitelkeit

Ein herrschaftlicher Pfau
flanierte mit viel Flair,
es federte im Blau
die Schönheit mehr und mehr,

bis alle Spatzen schwatzten
über die Farbenzier.
Die Katzen eilends kratzten
den Weg frei für's Spalier.

Und links und rechts die Schwäne
mit Flügel applaudierten.
Der Pfau schwang seine Mähne
weit über die Regierten.

Er schaute nur nach oben,
bewundert von der Menge
und sah vor lauter Loben
nicht aus der dichten Enge.

So hoch erhobnen Hauptes
klatscht in die Pfütz' er nieder.
Dem Fußvolk gleichwohl schlaut es:
Wer sich erhöht, fällt wieder.

Wetterwechsel

Sieh nur wie der Feldweg
sich durch die Rapsblüte zwängt
süß wallt ihr Duft vom Hügel
hinüber auf den Straßenbügel
der ins Schloss der Häuser klappt

kein Entkommen ist hier
wo die Vogelhütte den Weg markiert
der Wanderer ohne Zeigestock
sonntäglich durchmarschiert

bis ein Luftzug offne Türen schnappt
Wolken zusammen drängt
der Wasserstand überschwappt

Regen schirrt seine Zügel
der alle Entfernung kappt

Wind
der die Hügel befährt
Tag und Nacht
kühlt die lodernden Gräser

Wind bist du
wenn deine Haut
mir Nahrung ist
Tag und Nacht
im Grunde aller Wiesen

Schweineglück

Eine Bache aus Schwarzenholz
warf sechs Frischlinge überstolz.
Kaum dass sie alle aufgezogen
wollte die Jüngste ein Keiler holen.

Viel zu früh, dachte die Bache
und legte sich des Nachts auf die Wache.
Nichts geschah sechs Nächte lang,
kein Grunzen an ihre Ohren drang.

Da klagte laut das junge Schwein,
es wollte doch kein Frischling mehr sein.
Bald wurde auch das Muttertier schwach
und lies ihre Jüngste hinunter zum Bach.

Doch ach,
was quietschte da vergnügt aus dem Schlamm?
Der Keiler war mit 'nem Frischling zusamm'.
Da grunzte das Fräulein: „Glück gehabt,
dem Schwein wäre ich fast in die Falle getappt!“

Das mutige Rehlein

Ein Reh mit sanften Augen
wollte als Scheue nicht taugen.
Mit ihren schlanken Hufen
erklomm sie rasch alle Stufen.

Als sie oben angekommen
war sie plötzlich ganz benommen:
da stand der goldene Bock
mit großem Geweih und Gelock!

Er röhrte inbrünstig heftig und laut.
Die Rehe lugten aus jedem Kraut.
Er schickte sie an, los zu laufen.
Die Katze im Sack wollt er nicht kaufen!

Im Nu war das scheue Feld weit versprengt.
Nur eines hatte die Hufe verrenkt.

Honigkrieg

Mich hüllten Düfte ein im Weiß der Rispenblüte,
die Süße eingebunden auf der Blumenbank,
in Sträuchern lockte Suchende der Nektartrank,
die Wespen hingesunken in die Honigbrüte.

Ein Falter surrte ins Gestäub mit Lustgemüte,
umklammerte das Astrohr, lupfte im Gerank
am Bacchusbecher aus dem offnen Blütenschank,
vibrierte aufgeregt im Rausch der Nektargüte.

Die Wespen zogen ihre Fühler aus den Pollen,
ersummten zornig Helfer aus den nahen Wiesen,
gemeinsam sie zum Kampf um Nahrungstöpfe bliesen,

voll Ärgernis die Wespenbäckchen überquollen.
Ein Luftsog zerrte plötzlich kräftig in den Lüften.
Natur zerstob die Krieger, warf sie aus den Hüften.

Dornröschen

Rosa rubiginosa
Parkwächterin
in deiner Verborgenheit
verberg ich mich

rosa rubiginosa
undurchdringlicher Stachelzaun
Geheimnisträgerin
in dir verschweig ich mich

rosa rubiginosa
im Karminrosa deiner Kronblätter
verwässert das Blut Gestochener

Im Röhricht

Im Röhricht seufzt die See
zwischen Schilfrohr und Binsen
stolzieren schwarz befiederte Stelzen
Raubvögel lärmen, treiben ihr Schlagwerk
in Nistplätze, Teichrohrsänger zetern

Gezwitscher aus Dickicht
Drosselbanden fliegen auf
in der Kolonie der Wasserschwaden
verkriechen Larven sich und Raupen

Rohrkolben halten die Köpfe zusammen
ihre Ährchen verfangen sich
in den Dolden der Schwanenblumen

schon spitzen die Scharfrichter die Schnäbel
stochern im Schilf der Wasserpflanzen
klopfen den Boden ab
nach dem Laich der Karpfen und Hechte

Bostalsee, Bosen

Wasser schöpfst du aus
der Kelle aller Flüsse
als Lebensquelle

Tief verborgen fließt
in der Neigung des Flussbetts
alles Geheimnis

Laufzeit

Feuer fangen die Scherenschnitte der Stämme
verbrennen im Schoss der Lichtkralle
ich wandere auf dem Kohlepapier der Dämmerung
auf grünen Strichen im Umland

Tritte des Aufbruchs rucken an meinen Fährten
unbemerkt wächst der Umriss sichtbarer Dörfer
sie streifen die Nacht ab wie Läufer den Schweiß
wenn sie unter die Räder der Bewegung gelangen

an der Staumauer ist die Vorfahrt eingezeichnet
der schräge Abriss des Damms sticht ins Wasser
Enten rutschen auf glattem Beton in den Seegang

Asphalt geschmolzener Stahlknochen
grinst grau in den wägbaren Himmel:
Muskelspiele für die Ablösung der Laufzeit

Bostalsee, Bosen

Leben und Lieben

Die Stunde reibt sich
auf im trockenen Asphalt
meine Uhr steht still

Reibung

Wind peitscht gegen das Glas der Dämmerung zischt durch die Lichtung zieht scharfe Schnitte schneidet aus der Sonne Fetzen schon trübt sich das Gold fahles Gestotter der Nacht das über Baumkronen ausschüttet Schattengericht

am Boden hampelt die Marionette Dunkelheit baumelt an den Fäden der Notwendigkeit sterbender Stunden deine und meine die wir vergraben in den Schränken der Sehnsucht da wir nicht hier sind nur in Gedanken spielt die Nacht in uns die Wiederholung der Wünsche wir vergaßen

abgerissene Streifen die uns beschließen obere Winkel des Horizonts Wundmale bluten ihr Purpur ins Firn totes Rot kaltes Feuer das ausbrennt unsere Schatten farblose Zeit in der graues Grinsen ein Schimmer ist lässt nicht sehen uns

nicht hören das Knistern der Funken die sprühen wenn das Nicht sich reibt umgenichtete schwarze Löcher fallen in unser Kontinuum unterbrechen die Stille für einen Moment sichtbare Punkte

Blindenschrift einer Lust die wenn wir sie uns gestatten keinen Raum lässt für Schattengespenster Schotterpfade der Neigung die uns häuten wenn wir uns häuten lassen von der Inspiration sterbender Stunden dort oben wo die Nacht noch Himmel ist

Nachtschatten

Irgendwo zwischen Nacht und Dämmerung Geträum einer Schlafenden auf dem Aufwachbett Irrungen wirren durch das graue Schweigen das sich um Hände flicht natürliche Umgarnung

im Gestrick der Hoffnung die einst uns kuscheln ließ im Nie-mehr-Alleinsein wenn wir uns umarmten im Vertrauen des Augenblicks vorüber zogen alle Schatten da du nicht sehen konntest im Filter der Dunkelheit

in der du mit Blindheit geschlagen immer ins Schwarze triffst immer wieder im Anklang dieser Stunden Strecken auf denen du bleibst ohne sie zu kennen Fegefeuer das dich wärmt diabolisches Geplänkel

wenn alle Fäden gespannt sind um die Druckstellen zu glätten für den Rücksturz verbrannter Sterne nicht aufzuhalten Ascheregen später wenn der Tag das Schwarze von den Augen reißt und Morgengrauen zur Klärgrube wird

irgendwo zwischen Nacht und Dämmerung haben Finger die Fäden halten keine freie Hand mehr für Berührungen des Lichts wem wird wenn die Lichtblende sich auflöst Tau eine Reinigung sein

Sturmwarnung

Was denkt sich die Wolke über den Regen der wenn er nach unten prescht keinen Raum mehr lässt für Wasseransammlungen hohen Gefalls Weitwinkel der Luft treiben mit Druck Feuchtgebiete ins trockene Tal auf Dächer

tobt der Tropfenstrom über meinem Kopf klopft aufgeregte Stimmung gegen die Schläfen des Niedergangs Sturmwarnung in deinen Augen flutet das Zimmer Quadratur der Gefühle die gegen die äußere Vernunft

sich nicht um Gewitter scheren wie sie um uns toben da wir lieben wenn wir lieben und nichts als lieben in uns ist sieh auf das Licht im Verdunkelten zähle die Fragezeichen die bleiben und schreibe die Kurvendiskussion

ins Tagebuch derer die nichts von Gewittern wissen wir leben in Bruchstellen die wir gezimmert aus gebrochenen Hölzern besprüht mit Regenbogenfarben Sonnengegenpunkten gespiegeltes Licht das nun in uns funkelt und glitzert

Diamantenstaub Kohlenstoff Grundstoff des Lebens das uns gebiert neu immer wieder aufs Neue wie die Zeit die sich verliert in Endlosschleifen da draußen wo die Erde nach Regen riecht

Stundengebet

Erneut kenn ich dich Stundengebet wenn Nacht dich mit Minutenteppichen übersteigt hinter jedem Busch Frühlingsgelock Zurückgekehrte zum Stelldichein ruft Lichtpunkte dämmerungsgeneigt

leih mir dein Kartenhaus lass uns aus papiernem Zufall eine Loggia stapeln uns im Streulicht der Planeten auf Zellulose betten und uns Abend für Abend das Wünschen erlauben

schlag ein uns das Betttuch aus Federn die wir gelassen haben bis auf die Nacktheit untergegangener Sonnen mondgetupftem Sternengelichter

wer trägt den Zeugungsakt noch in sich wenn uns Finsternis die Augen aufschlägt wir im Nachtschweiß die Leere in Händen halten im Teufelsofen mit blutroten Wänden

im Widerschein künstlichen Lichts wo Kandelaber Zitronengelb ausschütten ein Strahlenkranz mit orangefarbenen und grünen Lichtsprengseln

Balanceakt

Ins Geflecht geworfene Fangnetze kacheln das Licht Kontrolle der Zeichen bei der Abschrift des Himmels Duplikat der Wirklichkeit das du aus dem Fluss der Windungen liest wenn die Verbindungen die Kacheln erreichen aus denen du ein Dach gebaut

die Verkettung der Dinge die aus nichts als Zeichen besteht die wir nicht zu deuten wissen Zonen des Verlusts deiner selbst Fenster die Spiegel waren die den Blick nach draußen verkehrten Türen die dir Zugang waren brannten aus

Gedankengänge jagen nach dir ihre Freiflächen klonen künstliche Teppiche durch die du fällst schwarze Löcher im Labyrinth der Gänge ein Haus voll von leblosem Schweigen nicht denkbarer Zukunft

nur eine Zeitung als Pfand zur Wirklichkeit die Tassen Kaffee Ersatz für Geborgenheit in diesen Mauern schweben noch Gedanken einer Wahnsinnigen die sich vom Sterben beseelen ließ als wäre es Hoffnung

in mir blutet noch immer Melodie des Seiltanzes im Aufschwung Balanceakt im Wind meinem Körper Gegenwart verleihend Verwirrung die süchtig macht nach Blenden und Lichtfiltern

Unter den Rosen

Wenn auch Sternengries noch flimmert mondsüchtiger Dunkelfall hat die Versammlung der Vögel schon einberufen Stare Finke Nachtigallen warten auf den Kuckucksruf im Vergehen letzter Venussplitter wirft die Schleiereule zartes Rosa ins Gesponn

tagt Licht sich in Baumkronen in Höhen in denen Erinnerung ein Traumbild ist Zeitträume entsprungen unseren Wünschen flüchtigen Gedanken Kinderspiele die wir in uns tragen Reden die Eingang finden wenn sie Herzlichkeit simulieren

lebenslange Täuschung an der wir leiden wenn wir die Worte des Lexikons wörtlich verstehen Wirklichkeit die uns einholt wenn wir uns einholen lassen vom Gestammel der Dämmerung vom Lotfall des blauen Gerichts

wir die wir uns stürzen in die Verwirbelungen des Lichts uns den aufziehenden Verblendungen nicht entziehen werden staunende Stimmen die im Mehrklang Loblieder singen zur scheinbaren Freiheit die beirrt

wie kann ich sie vergessen Stunden voller Worte die meine Träume stets aufs Neue beschworen lass mich ausruhen Seele meine kindliche Vernunft dicht unter den Rosen bis nur noch das Schweigen spricht

Hummelflug

Unüberschaubar die Landschaft im Staub der Gestalten die ihren Marmor in den Garten stellten herausgeputzt für jene die keinen Garten kennen die Blumen nicht beim Namen nennen

in diesem Frühling der Fruchtbares von Verkümmertem trennt schere ich Disteln um den schmerzhaften Gang zu erleichtern zwischen den Grabstätten der Hoffnung ich löffle den Regen aus die natürliche Reinigung der Statuen da wir nichts besaßen als den Augenblick

der alles aufspaltet in das Machbare und Mögliche Goldlöckchen Pfingstrosen die uns glauben machen wollen dass alles Blühen aufgehen muss unerschöpflich das Versprühen ihrer Duftstoffe Markierungszeichen für den Hummelflug

wer gegen Pollen allergisch ist weiß sich zu schützen wenn er sich noch schützen kann bevor die Duftwelle ihn erreicht er im Erdloch versinkt Schutzhöhle der Verlassenen Namenloses das im Verborgenen fruchtet

ungehindert wächst was niemand mehr besitzen will Sättigungsgrund für den Aufgang der Knospen Verwilderungen Blüten mit neuen Namen in diesem Frühling in dem der Hauch des Verneuens weht

„...umschlinge mich Buchsgebüsch“

mit den Gedichten der Literatissimo-Gartenlesungen der Stadt Püttlingen

Sonnenblumenkranz
Engelstrompeten weihen
den Gartentempel

Im Garten

Hier wo Eile im Wind zerstäubt
blüht der Himmel auf

trunken weile ich Schläferin
auf Sonnenhügeln

schlürfe Licht
vom Brennglas der Liebe

das du mir hinhälst
in deinem Flimmern

Dufthimmel

Sonne hat mir
ihr goldenes Tablett gereicht
voll luftiger Wärme

ich betupfe mich mit ihr
streiche ihr Parfum
an meine Schläfen

Sommeraugen schweifen
blinzeln gelbgesättigt
über Mohnblüten

duftvoller noch
wehen Damaszenerrosen
den Himmel zu

Wortlos

Großartige Sträucher
belauern die Musen:
Schmetterlingsflieder
Perückenstrauch
Hibiskus

vom Fenster aus
sehe ich Gartentische
sich in Duftlinien stellen

merkwürdige Szenerie ohne Publikum
die unter Trauerweiden endet
sich erhellenden Sonnenpunkten entzieht

den Gartenzeilen fehlen die Worte

In den Gärten der Zeit

In den Gärten der Zeit
ernten wir was wir nicht säen können

Sekunden voller Glück
Minuten voller Liebe
Stunden voller Geborgenheit

Wir können die Tür aufsperren
die den Garten verschließt
und ins Weite sehen

Manchmal gelingt es
die Erde zu nähren
und der Liebe
einen Grund zu geben

GÄRTEN OHNE GRENZEN

Garten der Sinne, Merzig

Im Farbgewirr
schwirren Garben
aus Blütenährchen

Märchen hütet
das Knospengeklirr

Blütenbad

Schleierkraut umwölkt
grüne Speerspitzen

Yuccalanzen
Irisschwerter

öffnen das Blau
Sonnentropfen fallen

fruchten im Schaum
aufgehender Blütenbäder

aufsteigende Duftwolken
fächeln Wildnis

Lichtgarten

Lichterloh entbrennen Farbgespenster
im Sonnenbogen

Astersternchen ziehen
Baum beschattet ihre Bahn

Tagfalter schwirren
um mich

Die Welle

Lichtverzögert
stäubt von der Welle
Steinsame Staub

das Kiesbett
zählt Silbertaler
im Gräserflaum

streu deinen Seelensamen
luftfarbenleicht
über Morgenbeete

Renaissancegarten Schloss Berg

Umschlinge mich Buchsgebüsch
mit Knotenpunkten

du bist der Sonnenuhr Leisezeit
Stillfläche blauen Gefalls

versunken zwischen Eibenbällen
nimmt eine Bank meinen Körper auf

Harmonie des Windgestreichs
umsonnt, belichtet
gelöst meine Glieder

Pergolengehölz überspannt
Endpunkte der Splittgänge
von Tausendjährigen umwunden:
Duftkränze aus Rosenranken

inmitten des Grünlieds Tonwechsel
gelber und roter Akkorde
wenn das Schattenglissando sie trifft

Römische Gärten der Villa Borg

Rosenzimmer
römischer Duftfall
Buchsbaumteppichen zu Füßen
auf der Suche nach liebesblauen Blumen

Tropfenträume auf weißem Brunnengehöft
zerspringen auf der Auffangschale
tausendfache Lichtsplitter

Najaden entschweben
weben auf der Ruhebank
Brautschleier für die Heere Jupiters

ich sinne auf der Erinnerungsinsel
Hochzeiten der Römerseele nach
venusisches Geträum
aus vergangenen Berührungen

wie schlicht sie mir scheinen
beim Aufgang der Plejaden
sieben Punkte im Dämmerungshimmel
die noch immer die Richtung ausleuchten

Gedichte der Literatissimo-Gartenlesungen der Stadt Püttlingen aus den Jahren 2007-2008

Püttlinger Schlosspark

Tiefgefurchte Schuppenborke bröckelt
wie ein alter Kalender um mich
unter der leichten Schräge der Birke schwingen
überhängende Zweige die Säge der Blätterketten
über den Blütenkörben junger Köpfe hinweg

sie tragen verlorenes Weiß
auf Maßliebchens Zungenblüten
die von gelben Stunden reden und vom Kuss
zwischen Hahnenfuß und Löwenzahn

alle in den Himmel geschlagenen Glockentöne
fallen auf die Stille zurück
die standhaft bleibt und sich ausdehnt
je mehr Kolkraben zum Tanz
der Rauchschwalben krakeelen.

Garten „Beim Wölfelsbrunnen“

Absinth und Ambrosia

Hellviolette Ackerwinde klettert am Kraut
der Topinambur empor verstrickt sich
in den Korbblüten der Erdäpfel

im Versteck der Sonnenbank träufelt
Bitterkraut Wermutstropfen ins Gewächs
rosa Rosen schwelgen im Aperitif des Sommers

verströmen ambrosischen Balsam
für die Bienenköniginnen
auf der Nektarspur in den Blütenpfad

im Spalier der Stockmalven und Königskerze
herrscht Honigrausch

Flamenco am Wölfelsbrunnen

In der Sonnenlethargie säuseln gelbe Seerosen
vom Teichgrund kräuseln Halmschöpfe
leichte Wellen auf
im Wasserspiegel äugt ein Reiherpaar
kupfergrün
Steingänse stechen in See

Moos überhauchte Amphoren
angelehnt an Steinwacken
öffnen sich dem Himmel
der sein Lichtblau über die Meere schickt
für den Rhythmus andalusischer Stunden

im Flamenco des Frauenfarns
tanzt die Vogelbeere
Wacholderdrosseln rasseln den Takt
für die Zinnien
die zwischen Thymian und Hauswurz
gelbrot erzittern

eingewurzelt im Baumschatten
verwischt die Hitze der Erinnerung
ihre Spuren in den Wurzelschossen

Gewidmet Agnes und Werner und Himbert
Püttlingen, Beim Wölfelsbrunnen, 06.07.07

Bauerngarten

Pflaumenbaum und Heidelbeeren
Dahlien und Gartenzwerg
Grasnelken und Eberesche
Kräuterbeet und Kompostberg

Rebenranken Buchsbaumsträucher
Vogelhäuschen und Salbei
Rosenbüsche Blütenrüsche
Bauerngartenzauberei

Ballade vom wahren Schneckenputsch

Zwischen Buchsbaum, Schilf und Hecken,
zwischen Thymian und Farn,
spinnt ein silbrig schimmernd' Garn
eines ganzen Rudels Schnecken.

Kommt ein Laubfrosch angesprungen
auf Maßliebchens Blütenblatt,
Baldurs Auge blinzelt matt,
ist zum Ahorn vorgedrungen.

Liegt ein Rotfuchs auf der Lauer,
hält am Morgen schon die Wacht,
hat in manchen Gärten Pacht
unter Löchern einer Mauer.

Sieht den Laubfrosch munter wandern,
denkt sich, welch ein kleines Mahl.
Frosch erquickt der Sonnenstrahl,
flatscht von einem Platz zum andern.

Schleicht der Rotfuchs in der Hocke
sich zur Beute nah heran,
bis er sich draufstürzen kann,
raschelt eine Rosenlocke.

Lurchtiers Auge späht zur Seite,
sieht den Rotfuchs auf dem Sprung,
vor ihm glänzt der Schneckendung,
sucht mit einem Satz das Weite.

Rotfuchs jagt mit einem Rutsch,
trifft die Schleimspur folgenschwer,
schlittert, schleudert hinterher.
Laubfrosch ist schon lange futsch.

Das ist wahrer Schneckenputsch!

Landgarten

Blumentöpfe rund gebaucht
feuerroter Fuchsienstamm
Wurz bewachsener Wasserdamm
steinbetaucht

Grasschöpfe Wind durchfaucht
verwittertes Kinderpaar
steingegossne Gänseschar
zeitverbraucht

Tonamphoren grün gehaucht
würzigmilder Thymian
Vogelbeere Schattenbahn
Luft umschmaucht

Sonnensporen überhaucht
gelbes Seerosengeflecht
Wellenkreise Froschgefecht
Eisenschänke
Vogeltränke
Licht umstraucht

Garten „Grubenstraße“

Rote Huldigung

Versteinerter Geruch tränkt den Garten
Rotholz aus Urzeiten wächst ins Licht
Nadelzweige vergrünen

ein Elefant trompetet mir ins Ohr
stampft die Zeit aus der Welt
bis der Kirschbaum vibriert

Raupen verspinnen sich
malen Chinas aufgehende Sonne
mir in die Augen

in den Mammutbaum
für die Astfächer
die sich in der Huldigung
der Neuzeit wiegen

Gewidmet Katharina und Arthur Walz
Püttlingen, Grubenstraße, 29.07.07

Tanz der Musen am Schäferbach

Weit hinter den Fichten singt hell Erato
Göttinnen der Schönheit ein lockendes Lied
es tanzt Terpsichore im silbernen Mondschein
in wallender Seide das Rabenvolk flieht

Urania strahlte und spannte den Wagen
am Himmel nur Sterne voll taumelnden Lichts
die Grazien eilten den Schwestern zur Seite
bis auf die Muse des Heldengedichts

Bacchantinnen kamen mit Dionysos
verteilten den Wein im schillernden Dunkel
sie tranken und lachten und niemand bemerkte
das Nahen des Stammelns aus Hades Gemunkel

Moiren zogen am Lebensfaden umwoben
die Pfründe am Schäferbach
Styx erwachte aufflogen Raben aufbrach
die Schlucht in laut tosendem Krach

aufschreckten die Trunk`nen aus Freuden und Lüsten
das Stöhnen der Tiefe aus Abgrund und Wehen
ein Trauerspiel schrillte Erinnyen lachten
die Musen des Schönen mussten vergehen

die Schlucht aber blieb fortan ein Zeichen
auf jene zu warten die unfertig sind
Kalliope allein wacht nun hinter den Fichten
und schützt vor dem Abgrund ein spielendes Kind

Artemis Laute

Götterpark
weißer Blick der Statue
gleitet im Wiesenspelz
fängt sich im Hornklee ein Gelb
im Günsel ein Lila
flieht ins Tannengehölz

Pilze wachsen
giftgenährt im Humus
suchen die Edelraute
am knorrigen Wurzelgewächs
im Wuchern der Stränge
klirrt Artemis Laute

Gartenklänge

Metallener Gang
Hufe Geschirr
Pferde wiehern im Tor
rostbrauner Schatten
auf steinernen Platten
Kraniche flügeln hervor
Kieselgeklirr
im Schmutzwasserfang

Garten „Weiherbergstraße“

Lebensgarten

Milde waltet in des Gartens ew’gen Hände
Samen streut den Segen der Natur
in geistliches Gelände
einer weiten Heimat

ein Lebensbaum der ausgebreitet Wurzeln flicht
im Wüstensand der Früchte führt
in himmlisches Gelicht
und niemals ruht

Güt’ger Gott
der du das Walten deines Dieners überlässt
dem Sorgen für die Seelen
als ein übervolles Erntefest
in deiner Heimstatt

die sich öffnet
in der Blüte allen Liebens
sich dem Leuchten hingibt
Senfkorn allen Siebens
mit vollem Blut

Feigenbaum
du trägst das neue Blatt
als eines Lebens grüne Frucht
die in sich birgt das Reine
einer dornenlosen Rosenzucht

Gewidmet Hans Georg Müller,
Püttlingen, Weiherbergstraße, 29.08.08

Blaues Gartengedicht

Blauer Hirsch
blauer Stuhl
blaue Bank

blaue Kübel
blaue Brücke
blauer Hochbeetrand

blauer Lavendel
blauer Hibiskus
blaue Passionsblume

veilchenblaue Rosenranken
meeresblauer Rittersporn
lilablaue Distelblüte

Blauregen
im Himmelblau

Im Blumenreich

Im Klostergarten steht ein blauer Hirsch
und röhrt im Blumenreich ein Glockenton
der Stille huldigt göttlicher Passion
mitten im Grünen geht sie auf die Pirsch

vom Monte Schlacko löst sich ein Geknirsch
von Kieseln in der Windmeditation
die Rose rügt die Staubindiskretion
mit Duftentzug ein Falter flattert wirsch

vom zitternden Lavendel Eselsdistel
sich entstäubt El Pasos Kaktusohren
sich richten für die Weisheit der Epistel

den Gartenzaun bestrahlt von Chrysanthemen
berankt der weiße Riesling unvergoren
das Reifen muss sich mit Geduld bequemen

Schlammbad

Ein Wildschwein wälzt sich vor Kimme und Korn
der Jäger pirscht hinterm Rittersporn
er hält die Flinte in seiner Hand
das Wildschwein suhlt sich im Pfuhl unverwandt
es sieht nicht den Lauf in der Sonne blitzen
und bleibt genüsslich im Schlammloch sitzen
und labt sich darin und kümmert sich nicht
Ei denkt sich der Jäger welch fettes Gericht
er legt das Gewehr an die Pollen fliegen
und bleiben auf seinem Nasenbein liegen
schon triefen die Augen im Fadenkreuz
und er muss schniefen hatschi schneuz schneuz
gestört vom Gepolter erhebt sich der Keiler
und sucht sich zum Baden 'nen anderen Weiler

Garten „Ritterstraße“

Im Irrlicht

Abendsonne setzt den Goldstift
unter die Tagestönung
Signatur der blauen Stunde

Kirschlorbeer und Schmetterlingsflieder
flüstern mit der Gartenzeile
Stühle paaren sich unterm Nussbaum

Fassadenrot zersplittert im Wasserspiegel
Goldfische springen im Pulk aus dem Teich
formieren sich vor dem Einschlag der Fischreiher

Vögel verfliegen sich
manchmal verfehlen sich Menschen auch

Waldgeister

Sphärenklänge wirren über den Wiesentempel
vertanzen Yin und Yang im Windspiel

Hortensien stecken weiße Tellerchen ineinander
verschütten sich im auslaufenden Sommer

Fichten gähnen im Spalier Efeu umschützt
ein Tongefäß lagert altes Olivenöl ab

auf simuliertem Waldweg schleichen Lemuren
Nachtfiguren flüstern

Septemberlied

Tannenbrand im Wiesenhag
und des Efeus grünes Blenden
will dem Ölkrug Wärme spenden
rausche Glut Septembertag

Gräser mir zu Füßen fächeln
letzten Gänseblümchen zu
bald schon geht zur Winterruh
Storchenschnabels herbes Lächeln

ach mir wird ganz leicht zu Mute
in des Gartens später Milde
Liebesperlen streut der wilde
Strauch vor kargen Herbstes Knute

rausche auf Kastanie rausche
einmal noch lass Laub sich wiegen
bis die Frucht hinab geschieden
dir Septemberlied ich lausche

Gewidmet Mechthild und Mario Mang
Püttlingen, Ritterstraße, 21.09.07

Rittergrube

Ritter raunen aus der Koppel
staunen über das Gehoppel
einer ganzen Hasenschar

in vergangenen Jahrzehnten
rangen sie in ausgedehnten
Kämpfen um der Liebsten Haar

hört der Hufe dumpfes Stampfen
Rufe Klirren Rosse dampfen
schnauben auf zum schnellen Ritt

Liebste wedelt mit der Locke
Ritter gehen in die Hocke
springen auf mit einem Schritt

Knappen reichen ihnen Schilde
Schwerter blinken auf die wilde
Schlacht um Burgfräuleins beginnt

bis die Zeit den Schleier zieht
vor den Förderturm sich kniet
bringt die Pferde aus dem Tritt

Reiter stürzen Szenenschnitt
doch die muntre Hasenschar
hoppelt wie es immer war

Frühling und Sommer

Rosen duften schon
doch du steckst deine Nase
in Bitterkräuter

Lichtmaß

Tauben begurren
die Kalligraphie der Gehölze
Beschreibungen der Äste
in den Rodungen des Lichts
das die Schablone des Knospens
über die schwarzen Zweige legt

kaum lösen sich die Schattenrisse auf
summsen Hummeln im Blühstoff
entflammen in Wiesen
in Blätterseide gewickelt
hauchzarte Töne

Gänseblümchen recken sich
nach dem Lichtmaß
aus dem der Frühling
seine Farben schöpft

Frühlingsmuster

Wer fädelt die Namen der Blätter in die Zweige
wer entzündet das Grün

es ist die lichte Nahrung der Sonne
die ihr Blendwerk auf den Tag einstellt

wo sie hinabstrahlt fließen Fruchtstände über
beginnt der Frühling mit seiner Musterung

Blumen ins Graskleid gestickt

Aufbricht Borkenkrepp
schattengeschwächter Zweige
spähe ins Knirschen
hält mir das Asthaus die Tür
auf Frühlingszimmer glühen

Rinden wundgeschuppt
Nistplätze mit Herzklopfen
Strohlager im Spalt
Nachtigallenchor triolt
mir ins Ohr ein Frühlingslied

Entsendung

Ein lichter Gesell ist der Frühling
erlaubt ist nicht flüchten noch schummeln
im Sonnenhof Käfer sich mummeln
im Erdengeflecht dort ist's kühl ring

hinaus dich ins weite Feld wühl schwing
dich nach oben wo Bienen sich tummeln
im ersten Geleucht wo das Bummeln
der Nachtigall Mondlicht früh fing

ihr himmlischer Ton meinen Ohren
die Sehnsucht und Lust aufbeschworen
des Lebens erneute Entsendung

ach Herz ach wie glückt dir das Lieben
das winters dir kalt ausgetrieben
des Jahres begonnene Wendung

Frühling in Burgund

In diesem Farbenrausch
aus dem die Blüte der Rapsfelder
ihr süßes Aroma gewann
schwankt gelb betäubt hochroter Mohn
auf Weizenähren und Gräserpfriemen
tropft aus dem Viadukt frühes Taulicht

jenseits des Rotbuchensaums der Landstraßen
unter dem Kabeltwist der Oberleitungen
durchpflügt der TGV Burgund
hypnotisiert mit seinem Blinken
Birkeninseln Ahornhaine

Laubtunnel öffnen die Zufahrt
zu Dörfern aus mittelalterlichem Bestand
Turm bewacht Brücken beschützt
wallen Geranienkaskaden aus Tontöpfen
wildern Rosenbüsche vor den Portalen
der Landhäuser

Wasserfontänen sprudeln aus Brunnenschalen
verrieseln sich in der Höhe
perlen ab in den Beckengrund

Hin und wieder wirft jemand
eine Münze ins Licht

Blumenreime

Veilchen ein Weilchen
um den Schoss im Moos feilschen
läuten den Frühling ein

Rosen in losen
Hagebutten Putten kosen
fruchten den Sommer ein

Wicken an schicken
Holzpergolen Bohlen zwicken
fangen den Herbstwind ein

Immortellen prellen
mit Lethe Beete
formen das Leben ein

Kirschblüten knistern
Obertöne im Drosselchor
die Nachteule gähnt

Gelber Ginster sprüht
im zartrosa Fliederbaum
Hummelgebrummel

Blütenmeerrauschen
Bienenparade stolziert
am Wiesenufer

Lichtschrift

Lichtpatrouille
kryptische Schrift
des Frühlings

auf der Tafel der Gärten:
Sonnenstiche
Kreidezeichen
Blütenglyphen

Milder Zephyrus
Windschleier grünen im Samt
Blüten brechen auf

Hellweiße Tauben
flüstern droben in der Krone
Liebesgezwitscher

Nachmittag

Auf zuckender See
blendet die Sonnenpeitsche
trägt mich die Fähre
lüstern leichten Wellengangs?

doch weshalb gezwungener Glanz
meine Augen tränen
eine andere Seite des Ufers?

einen Steinwurf entfernt
federt Wildentenflaum
tändelt über Pflastersteine
hinunter ins Becken
überläuft den Windhauch
den ich einatme
im Lichtkern des Nachmittags

er spuckt Wärme aus wie Lavaglut
brodelt, läuft aus ins Leck
aufziehenden Blaus
als hätte es nie zuvor Abende gegeben

Bostalsee, Bosen

Farbklänge

Dunkelstaub ein Licht
graue Farbrisse zögern
Nachtfalken fliehen

Nachtschattenhimmel
zieht davon Nachtigallen
stimmen die Töne

Wind wiegt in Zweigen
Aufgang des Sonnenfeuers
Rotkehlchen loben

Rosa centifolie

Rose
farbtrunkener Blütenwall
in sich selbst versunken

Rose
dornverwandter Liebesstachel
Horn ummantelt

Rose
Schönheit verzehrende Blumenpassion
Seelen verkehrend

Rose
Duftwerk
Sinnesmeer
Zauberblume

Rosenalarm

Junigeflüster
Rosenaroma im Wind
Herzfieberalarm

Rosa canina
betörender Duftzauber
Schmetterlingswirbel

ach Edelrose
Urzeitgewächs nimmer müd
wird dir der Frühling

Ein Blütenstempel
wirbelt im Schmetterlingstanz
weißer Glockenheide

Wildgänse fliegen
Daunen weht Sommerwind in
Hollunderbüsche

Einen Sommer lang
aus Blüten süffeln ist dir
Biene nicht genug

Hundertblättrige
sucht das Bienenvolk Honig
für alle Fälle

Rose, Wahrhaftige

Rose, Wahrhaftige
reinen Anschauens Vergnügen
aufgegangener Zauber aus Kronblättern

nicht abzuwehren dein Duftkuss
du wirst ein Beispiel dem Unberührten
der aus dem Nichts entspringenden Kraft

Schalen die uns die Zeit wachsen ließ
verbrennen im Feuer deiner Sinne
wahrhaftig das Leben beginnt

Oh Rose

Oh Rose
zärtlicher Fächer aus Blütenblättern
wieder und wieder
duftest du mir zu
die Süße zu trinken
die du verströmst

doch nehme ich dich auf in mir
umfasse deinen samtenen Leib
bist du wehrhaft
mit deinen Stachelzacken

Oh Rose
unnahbar Schöne
deine Reinheit
macht mich atemlos

Die Fuhre des Lichts
kippt aus den Wolken Blüten
Gartenreisig knistert
Libellen tanzen im Gelock
Auftakt der Blütenbälle

Im lichten Vorschein
Sonnenhaars Rauschgold blättert
Zweig um Blüte schwingt
farbknospender Duftpegel
Blütengespinst windzerstreut

Septembermorgen in der Brenne

Weithin gefurchte Äckerboden Maisfelder
im blauen Gewölk das den Lichtschleier hebt

am Horizont der Höfe
Dächer sich zu Straßen gruppieren
vor Getreidespeichern Silos
Kapellen simulieren
über der Autobahn
wirres Vibrieren

weiße Schwalben steigen auf
erfliegen im Naturpark der Brenne
Brücken über die Gräben des Asphalts

sie entschwinden je tiefer der Blick
ins Innere der Landschaft dringt

"...die Zacken der Forke im Frost"

Herbst und Winter

Lichtflammen züngeln
überm Dämmerungsbogen
Kälte haucht Rotfrost

Schwanengesang

Kupferwurf der Sonne
Schattenfall
im Regenrost

Rotlicht
zugeblättert
im braunen Harsch
ehe Winterschläfer
das Unterholz besiedeln

all meine Schwäne
wildern über die Hügel
fliegen auf weißen Flügeln
den Glast aus
den das Dämmern übrig ließ

Blütenfarben
demütig starben
lichtwütig warben
Winternarben
um Samenhärchen

Schattenspielzeit
auf der Mosel Lichtscherben
ein Schwan zieht davon

Dunst trübt Morgenauges
Blick Krähenschreie kreisen
Wurmlöcher schließen

Im Flügelwind

Auf Sammelplätzen
Kuckucksrufe Zeisige
treffen sich wieder

Kreischende Krähen
schwärmen in Ackerfurchen
Sperber spähen aus

Kleinvögel huschen
in Hecken Vogeltruppen
im Winterquartier

Baumkronenlaute
Konferenz der Zugvögel
wirres Luftgespräch

Laute Flugschatten
Blassgänse schnattern am Turm
Grußworte im Wind

Kormoranenzug
Flügel schlagen Aufwind im
Herbst Kiebitze fliehn

Kraniche rauschen
Peterberg im Flügelwind
Flugrast gen Süden

Waldbruch

Geht ein in der Waldgesellschaft
Laub gelichteter Baum

überm abgeholzten Nestwerk
schreien Vögel

wie wild ist in mir ihr Tönen
auf der schnittigen Kante aus Bast

kahle Last der Windsaat
im Splintholz bohren noch Spechte

Altweibersommer

Weiße Fäden glitzern leise
in die kühl erwachte Welt
spinnen Silber auf der Reise
wenn die Stille Einzug hält

Tau des Herbstes zieht die Fäden
bis das Laub zu Boden fällt
und Natur die Sommerschäden
auf den kahlen Ästen zählt

Ach ich spür die Jahresringe
wie sie meine Seele engen
wie des Lebens ew'gen Dinge
mich zu neuer Einkehr drängen

Das Vergehen in der Zeit
nährt alle Vergänglichkeit
und mit jedem neuen Jahr
spinnt sich Silber in mein Haar

Stundenwort

Fast kahl geweht erstarrt Gehölz der Zweige.
Im Astwerk schwingt des Herbstwinds kühle Seele.
Kein Blütenstaub und keine Vogelkehle
im Nass verbleibt. Novembers letzte Geige

verklingt. Das fahle Licht geht still zur Neige.
Es flüstert noch, dass bald schon Helles fehle,
doch auch das Grau den Wandel nicht verhehle,
der sich vollzieht, wenn es nun schweige.

Die Stunde bricht im leeren Aufbegehren,
zerstäubt im Rauch und lässt den Tag entfließen.
Die Hände ruh'n im Schoß der Nacht, verließen

des Eiferns Weg. Den Schatten sich erwehren
die knisternden Kamine, lassen uns genießen
das Stundenwort, die Stille zu erschließen.

Schattenherz

Ein letztes Blatt vergisst sich in den Ästen.
Es bleibt zurück und bindet Lebensklänge.
Im frühen Frost verhärten die Gesänge.
So spröde klingt und rüttelt an den Kästen

der Vögel blind, als sei's zum Wintertesten,
ein kalter Hauch. Er schüttet Nebelfänge
auf's kahle Land, verschließt die hellen Gänge,
ein Schattenherz, es schlägt in weißen Festen.

Und von den Thronen Eis besprühter Seelen
fällt alles ab, was lastet und was rostet,
was längst verbraucht und zehrt und Kräfte kostet.

Kein Augentrost, die Wärme wird mir fehlen.
Ein liebes Wort, ein lang vertrautes Lächeln
ersehn' ich mir, ein Stern wird es mir fächeln.

Zaungast

Laue Luft windet Lianen um Bäume
an Strähnen die wie Peitschen
Schneisen schlagen
schnitt ich mir einst die Haut ein

als Pilgerin
suchte ich grünende Ölzweige
wandelte im leeren Gebüsch

nun brennt der Herbst die Farben aus
spinnt mir ein Blätterkleid
aus dem Morast der Jahre

sei mir Genoss
ruft ein Rotkehlchen
hofft noch auf einen Zaungast

Christrosengeflüster

Wind wirbelt
schneidet den Winterhauch
aus den Klängen der Eiskristalle

Licht entsilbert
am Schleifton der Frostkralle
reibt sich ein Winterweinen

in der Einsamkeit des Schneefelds
flüstern Christrosen
von der Botenkunde der Engel

Früher Federfall
von Wintervögeln beklagt
Sonnenentbehrung

Wintermorgen

Schwarze Luftzüge
kreuzen im Zyanblau
Standvögel fliegen Haken

Im Rotreif gebranntes Siena
spröder Blätter knittert
Eichelhäher stöbern

Im Wasserlauf
wellt sich das Licht

Spiegelbilder
vom Frosthauch gebleicht
treiben im Köllerbach

Nordwind

Schon spuckt die Nebelkehle
kalte Töne ins Land
trompetet die Schwanengans
dem Steinkauz entgegen

Tore fallen ins Schloss
in den Zinnen gefriert der Schnee

die Zacken der Forke im Frost
Eisenlieder blechern im Rost
über den Boden
an dem der Nordwind zaust

Dunsttücher
umnässen mein Haar
Kälteschleier befrieren mich

Schneerose

Stille wiegt im Silberbett die Nieswurz
Rose die ihren Kelch
mit Schwindel füllt

erhaben im Schneeschaum
wenn Frost dich umzittert
bittert in der Kälte
ein weißes Blütengewand

birgt auch die Zeit ein ewiges Geheimnis:
die Schneerose blüht für ein Kind
das uns geboren aus göttlicher Neigung

Im Dunstkreis

Ein Dunstkreis hält den frühen Tag gefangen
welch Gähnen bleicher Wolken, deren Hauch
umherzieht, sich verpustet, seinen Schmauch
auf breiten Tannen ablädt; weiß behangen

der Kurpark Wege wähnt und Bänke, Stangen
am Teichrand, jeden Zweig an jedem Strauch.
Die Wasservögel kreisen um den Lauch
der Gräser unbekümmert, gefangen

im Griesel. An Bad Hofgasteines Thermen
sich Gäste Leib und Seele wärmen.
Ich wandere im Frost entlang der Ache

nach Hundsdorf, Fronten sind dort gleicher.
Der Tand verblasst, Konturen werden weicher,
die Sonne wirkt, aus Schnee wird eine Lache.

Bad Hofgastein

Einkehr

Bad Hofgastein umwirbt ein warmes Licht.
Am Stubnerkogel blendet es den Gipfel,
die Wolken spannen ihre weiten Wipfel,
hoch droben trüben Dunstfelder die Sicht.

Ozon bedrängt im Tal die graue Schicht.
Folgt Einkehr auf den schlechten Wetterzipfel
genügend Ausgleich schaffen mürbe Kipfel
auf Sahneeis. Kaffeearoma mischt

sich in den Mittag voller Festtagssprüche,
tischt Nobles auf aus edler Sternenküche:
ein Festmahl, das die Sinne schnell besticht.

In Gaumenfreuden schwelgen trunken Gäste.
Nur draußen hellauf knistern alle Äste.
Bad Hofgastein umwirbt ein warmes Licht.

Winterwege

Im Zentrum wandern frostgeschützt im Nerz
die Gäste unbekümmert auf geräumten Wegen,
flanieren um den Teich auf schmalen Stegen,
als wäre Kälte ein Dezemberscherz.

Die Enten ihn beschnattern Terz für Terz,
wie Windgesänge, die in Tannen fegen
nach Schneegestöber. In den Wildgehegen
die Tiere Nahrung wittern. Ein Futterherz

am Kreuz der Hütte baumelt. Von harschen Tritten
gestört verlassen sie die Lichtung. Mitten
im Schneeplüsch ziehen Pferde eine Kutsche.

In Decken eingepackte Passagiere
durchrattern holpernd Rotwilds Waldreviere.
Dem Wagen wird das glatte Eis zur Rutsche.

Bad Hofgastein

Schneefall

Verschneite Pfade
Schneematten auf den Feldern
Laufspur der Rehe

Schneeweißgestöber
Wildwechsel an der Krippe
Vogelzitterspiel

Tannen im Schneelicht
Engelshand wirft Sternschnuppen
Christrosen blühen

Marias Lob

Maria sang das Lob da ihr verkündet
das Gotteskind in ihrem Leib zu tragen
sie sang es ohne Angst und ohne Zagen
mit ihrem Mut das Licht der Welt begründet

die neue Zeit in der die Liebe mündet
ins Reich des Herren sollten wir es wagen
uns hinzugeben denn euer Fragen
Verzweifeln vor welcher Wahl ihr heute stündet

hätt' Maria nicht gesungen bleibt
für immer ohne Antwort Gottes Sohn
ist gestorben mit der Dornenkron

die Seele sich am Unsichtbaren reibt
im Irdischen werden wir nicht erfahren
ob sich im Ewigen die Himmel klaren

Heilige Nacht

In dieser stillen Nacht die Engelschar
mit Flügeln ihre hellen Töne schwingen
ins Erdenreich, das im hohen Klingen
des himmlischen Gesangs dem Menschenpaar

im Stall da die Frau ein Kind gebar
Sternen fleht zum Leuchten sich zu bringen
dass Funken auf die Seelen überspringen
voll hehrer Freude denn es wurde wahr

was einst Johannes uns verheißen hat
dass einer kommt aus einer andren Welt
dem er die Füße wäscht zu Boden fällt

was laut und mächtig scheint und satt
Maria ihn voll Ehrfurcht an sich schmiegt
das Heil der Welt in ihren Armen wiegt

Weihnachtsstern

Die Nacht umspannt das Gipfelkreuz der Hänge,
ein Tannenzweig im Schneegestöber sinnt
verwaist nach Licht; ein Strom aus Flocken rinnt
herab, es wirren spitze Eisgesänge

vom Joch ins Tal wie helles Tongesprънge.
Ein Strahlenkranz der Dunkelheit entrinnt
und leuchtet; neugeboren lacht ein Kind,
dass funkeln aller Zinnen Ränge.

Ein Stern entsteht, er weist den Weg den Weisen,
die unbeirrt den Ort der Schöpfung suchen.
Die heilige Verkündigung ersuchen

die Wanderer auf unberührten Gleisen.
Erschöpft verlassen sie die kahlen Pfade
der täglichen Gesellschaftsmaskerade.

Jahreswechsel

In den beißenden Frost hinaus.
Ein Atemnebel züngelt. Kältestoss.
Jemandes Pulsschlag friert im Schoss
verhärteter Landschaft. Im Garaus

der Farben lodert Wangenrot.
Wie es knittert in den Einsamkeiten.
Sprosst aus schneeweißen Wendezeiten
Kristallglanz. Eiszapfen senden das Lot

zur frühen Nacht, die Licht verdrängt.
In den dunklen Gefächern klirrt
sphärisches Glockenspiel, das flirrt

zwischen vereisten Neonröhren. Anfängt
erbarmungslos das Jahraus bei dem Versuch,
Strenge zu mildern. Brandgeruch.

Wintersturm

Frostiger Peitschenschlag
Windböen reißen Schnee von Dachschindeln
Pulverwirbel stürmen durch Straßen
und fegen Fußspuren glatt

Balkone stehen verloren im Sturm
am Vogelhäuschen zittern Tannenmeisen
Fichten schütteln sich

Ofenrauch schraubt Wärme ins Weiß
nebelt Schriftzüge Winterzeichen
Wegweiser für Heimkehrer

Nebelfäden
verhängen die Äste

unter der Blätterfäulnis
harren Käfer verworren

Zweige lichtvergessen
knarren ins Gefeucht

die Morgenkehle
hackt leere Töne ins Land

Rauhnächte

Frostklingen brechen
aus Sternen Glitzersteine
Nachtkälte flimmert

Im Wasserspiegel
Einbruch der Kältenebel
Eisspäne fliegen

Kälteschockstarre
Eisüberflutung auf See
Fische im Glashaus

Wehr der Eiszungen
hält Schilfrohrs Spätblüten fest
Schneekugelflora

Inhalt

Bildlegende